Die

# Pflichten des Waisenrates

nach dem Bürgerlichen Gesetzbuch

und dem Reichsgesetze über die Angelegenheiten der

freiwilligen Gerichtsbarkeit.

## Ein praktischer Leitfaden

für

Waisenräte und Verwaltungsbeamte


bearbeitet von

**F. Baum**

Amtsgerichtsrat und Vormundschaftsrichter des Amtsgerichts Görlitz.



Fünfte vermehrte und verbesserte Auflage.

Berlin 1899.

J. J. Heines Verlag.

# Abkürzungen.

Abs. = Absatz.
Allg.L.R. = Allgemeines Preußisches Landrecht.
B.G.B. = Bürgerliches Gesetzbuch.
G. ü. d. allg. L.Verw. = Gesetz über die allgemeine Landesverwaltung.
G.S. = Gesetzsammlung.
Kr.O. = Kreisordnung.
Ldg.O. = Landgemeinde-Ordnung.
M.Bl. f. d. i. V. = Ministerialblatt für die innere Verwaltung.
S. = Seite.
Pr. Vorm. O. = Preußische Vormundschafts-Ordnung.
Rescr. = Rescript.
R.G. ü. d. A. d. fr. Ger. = Reichsgesetz über die Angelegenheit der freiwilligen Gerichtsbarkeit.
St.O. = Städteordnung.
R.St.G.B. = Reichsstrafgesetzbuch.
Zust.G. = Zuständigkeitsgesetz.

# Vorwort
## zur vierten Auflage.

---

Das am 1. Januar 1900 in Kraft tretende Bürgerliche Gesetzbuch hat eine vollständige Umarbeitung dieser kleinen Schrift, welche während des Bestehens der Preußischen Vormundschaftsordnung drei Auflagen erlebt hat, notwendig gemacht, da die Pflichten des Gemeindewaisenrates um ein Bedeutendes erweitert worden sind und derselbe in erhöhtem Maße zum Hilfsorgan des Vormundschaftsgerichts gemacht worden ist. Verfasser hofft durch diese kleine Schrift den Gemeindewaisenräten einen Leitfaden zu geben, der sie in den Stand setzt, an der Hand desselben dem Sinne des bürgerlichen Gesetzbuches entsprechend ihr Amt aufzufassen und zu verwalten.

Verfasser bittet diese umgearbeitete Auflage freundlichst aufnehmen zu wollen.

Görlitz, im Januar 1899.

Der Verfasser.

# Inhalts-Uebersicht.

Seite

# I. Organisation des Gemeindewaisenrats.

Das Bürgerliche Gesetzbuch hat das durch § 52 der preußischen Vormundschafts-Ordnung vom 5. Juli 1875 neu eingeführte Institut des Waisenrats in sein Vormundschaftsrecht übernommen, ihm jedoch, um von vornherein klar zu legen, daß es ein Gemeindeamt sei, den Namen Gemeindewaisenrat beigelegt. Im Anschluß an sein Vorbild beschränkt es sich darauf, in diesem Gemeindeamte dem Vormundschaftsgericht als der obersten Vormundschaftsbehörde ein geeignetes Hülfsorgan für die unmittelbare Aufsicht über Vormünder und Mündel, namentlich insoweit es sich um die Aufsicht über das persönliche Wohl der letzteren handelt, zur Seite zu stellen.

Der Gemeindewaisenrat ist also kein selbständiges Zwischenglied zwischen Staat und Vormund, keine besondere Aufsichtsbehörde, sondern lediglich Hülfsorgan der obersten Aufsichtsbehörde, des Vormundschaftsgerichts, für das er indessen, dank seiner Stellung inmitten der Gemeinde, von großer Wichtigkeit ist. denn gerade die Gemeindegenossen — darauf weisen die Motive zum B. G.-B. Band 4 Seite 1016 hin — sind durch gleichartige Verhältnisse und durch enge nachbarliche Beziehungen im besonderen Grade befähigt, bei genauer Kenntnis und richtiger Einsicht in die Bedürfnisse der Mitbürger auf eine sachgemäße Erledigung auch der Geschäfte der Vormundschaften einzuwirken und durch persönliche Anschauung das zu ergänzen, was zur Wirksamkeit richterlicher Aufsicht fehlt.

Die Bestimmungen über die Wahl, die Form der Verpflichtung, die Amtsdauer und die Ablehnungsgründe überläßt das B. G.-B. den Gemeindestatuten bezw. der Gemeindeverfassung.

In Preußen geschieht die Wahl des Gemeindewaisenrats und zwar in den Städten auf Grund der Städteordnung von dem Magistrat nach Anhörung der Stadtverordneten, auf dem Lande nach den Landgemeindeordnungen von der Gemeindeversammlung bezw. dem Gutsvorstande. Jedes stimmfähige Gemeindemitglied ist verpflichtet, das Amt des Gemeindewaisenrats zu übernehmen und drei Jahre lang zu verwalten.

Von der Übernahme des Amtes können das Gemeindemitglied nur Entschuldigungsgründe, wie solche im § 74 der Städteordnung und § 65 der Ldg. O. vom 3. Juli 1891 angegeben sind, also das Alter von 60 Jahren, dauernde Krankheit, die Verwaltung eines Staats- oder andern Gemeindeamts, Geschäfte, welche eine häufige oder lang andauernde Abwesenheit vom Wohnorte mit sich bringen oder Verhältnisse, welche nach dem Ermessen der Behörden eine gültige Entschuldigung begründen, befreien. Über die geltend gemachten Entschuldigungsgründe entscheidet in den Städten der Magistrat, auf dem Lande der Kreisausschuß durch Beschluß.

Dasjenige Gemeindemitglied, welches sich ohne gesetzlichen Entschuldigungsgrund weigert, das Amt eines Waisenrats zu übernehmen und drei Jahre lang zu verwalten oder welches als gewähltes Gemeindewaisenrats-Mitglied sein Amt nicht ordnungsmäßig verwaltet, kann in Preußen nach § 74 d. St. O., § 10 des Zust. Gesetzes v. 1. 8. 1883, § 8 der Kr. Ord. und § 4 des Ges. v. 30. 7. 1883 der Ausübung der Gemeinderechte bezw. seines Rechtes auf Teilnahme an der Vertretung der Stadt bezw. des Kreises für einen Zeitraum von 3 bis 6 Jahren auf Beschluß des Magistrats bezw. Kreisausschusses für verlustig erklärt und um $1/8$ bis $1/4$ stärker als die übrigen Stadt- bezw. Kreiseingesessenen zu den Kommunal- bezw. Kreisabgaben herangezogen werden (§ 65, 66 d. Ldg. O. vom 3. Juli 1891. G. S. S. 233). Die Verpflichtung des Gemeindewaisenrats findet in Preußen durch die Gemeindeorgane Magistrat, Landrat, Gutsvorstand, nicht aber durch das Vormundschaftsgericht statt. Der Gemeindewaisenrat untersteht daher auch nicht der Aufsicht des Vormundschaftsgerichts, wohl aber hat letzteres das Recht der Beschwerde, wenn eine durchaus unwürdige Person, wie z. B. ein sittlich verkommener Mensch zum Mitgliede des Gemeindewaisenrats gewählt wird, oder wenn der Waisenrat Pflichtwidrigkeiten und Verzögerungen sich zu Schulden kommen läßt. Die Beschwerde über den Waisenrat ist an den Magistrat bezw. Landrat als Vorsitzenden des Kreisausschusses und die weitere Beschwerde an den Regierungs- bezw. Oberpräsidenten der Provinz zu richten. In den übrigen Bundesstaaten, welche das Institut des Gemeindewaisenrats bisher nicht gekannt haben, werden jedenfalls noch Bestimmungen im Verwaltungswege erlassen werden müssen.

Wenn schon in der Preuß. Vorm. Ord. an den Waisenrat hohe Anforderungen gestellt wurden, so hat das B. G.-B. dieselben um ein Bedeutendes vermehrt. Es sind daher in den Gemeindewaisenrat nur solche Männer zu wählen, die ein freies selbständiges Urteil besitzen, in ihrer Stellung möglichst unabhängig sind, durch ein jahrelanges Verweilen in der Gemeinde mit den Sitten und Gebräuchen derselben bekannt und möglichst jedes einzelne andere Gemeindemitglied in Bezug auf Charakter, Fähigkeiten ꝛc. zu beurteilen imstande sind. In den größeren Städten wird letzteres wohl kaum möglich sein, aber auf dem Lande, wo jedes Gemeindemitglied das andere genau kennt und mit ihm meist durch Familienbande verknüpft ist, sollte es nach der Meinung des Verfassers nicht schwer sein, die zu dem Vertrauensamte eines Gemeindewaisenrats passende Person zu finden. Der Verfasser hat als langjähriger Vormundschaftsrichter in seinem Bezirke seit Jahren dahin gewirkt und es auch durchgesetzt, daß in den Waisenrat auf dem Lande die Geistlichen gewählt worden sind, weil diesen Herren einerseits meist eine bessere Geschäftskenntnis als den übrigen Gemeindemitgliedern innewohnt, sie insbesondere mit der sorgfältigen Führung der Vormundschaftslisten vertraut sind und die an sie gerichteten Ersuchen des Gerichts stets kurz und klar erledigen, andererseits aber um deshalb, weil sie durch ihr Seelsorgeramt mit den Eltern und Kindern ihrer Gemeinde in näherer Beziehung stehen und nach der Konfirmation bezw. Firmelung und der Entlassung aus der

Schule an ihren Schülern ein gewisses Interesse behalten und darauf bedacht sind, daß dieselben nicht verwahrlosen, sondern unter der sichern Hand eines gewissenhaften Vormundes nicht straucheln und auf Abwege geraten. Außerdem hat aber der Verfasser die Herren Geistlichen aus dem Grunde in den Waisenrat wählen lassen, weil diese in Folge ihrer Stellung in der Gemeinde das geeignete Organ sind, die Vormünder zu Besprechungen vorzuladen und sogenannte Mündeltage abzuhalten. Daß derartige Mündeltage auf Vormünder und Mündel vorteilhaft wirken, dürfte außer Zweifel sein. Mit Rücksicht auf die größeren Anforderungen, die das Bürgerliche Gesetzbuch an den Gemeindewaisenrat stellt, dürfte es sich auch für das Land empfehlen, neben dem Geistlichen auch den Lehrer, also zwei geschäftsgewandte Personen in den Gemeindewaisenrat zu wählen. Der Versuch, die Herren Geistlichen der größeren Städte in den Gemeindewaisenrat wählen zu lassen, dürfte daran scheitern, daß dieselben in Folge ihrer sonstigen Thätigkeit sich außer Stande erklären, das Amt anzunehmen. Viel gewonnen ist aber schon, wenn dieselben sich an den unter dem Vorsitze eines Magistrats-Mitgliedes stattfindenden Besprechungen des Gemeindewaisenrats mit dem Vormundschaftsrichter beteiligen und mit ihrem Rate und ihrer Erfahrung dem Gemeindewaisenrat beistehen. Es wäre erwünscht, wenn die Herren Geistlichen der größeren Städte der generellen Anordnung der kirchlichen Oberbehörden gemäß in den Waisenrat gewählt würden, und an den Besprechungen des Gemeindewaisenrats teilnähmen.

In den preußischen Städten besteht der Gemeindewaisenrat z. Z. aus einer ganzen Anzahl von Personen und wird dies auch ferner aufrecht erhalten werden müssen, ja Verfasser möchte denjenigen Behörden, welche die Wahl des Gemeindewaisenrats zu vollziehen haben, anheimgeben, vor Inkrafttreten des B. G.-B. eine genaue Sichtung des Gemeindewaisenrats vorzunehmen bezw. den Gemeindewaisenrat durch Wahl neuer Mitglieder, z. B. von Bezirks- oder Armenvorstehern, zu erweitern, weil die Thätigkeit des Gemeindewaisenrats gegenüber der bisherigen erheblich größer geworden ist, indem sie, wie weiter unten ausgeführt werden wird, nicht blos die Benennung eines zu verpflichtenden Vormundes, oder die Auskunftserteilung auf Anfragen des Vormundschaftsrichters, oder die Mitteilung der Veränderung des Aufenthaltsorts des Mündels umfaßt, sondern in der gleichzeitigen Überwachung des Vormundes in Verbindung mit dem Gegenvormunde besteht. Der Entwurf zum Ausführ.-Ges. des B. G. B. enthält die Bestimmung, daß das Amt des Waisenrats ein unentgeltliches Gemeindeamt ist und daß die bisherigen Waisenräte im Amte bleiben.

In verschiedenen preußischen Städten sind die Gemeindewaisenräte mit der Armen- oder Schuldeputation verbunden, beides ist zu empfehlen. Die Armendeputation in einer Stadt hat besonders Gelegenheit, in die Verhältnisse der ärmeren Volksklassen Einblick zu erhalten und Mittel und Wege zu finden, um der Verwahrlosung der in solchen Verhältnissen aufwachsenden Kinder vorzubeugen. Die Schuldeputation als Aufsichtsbehörde der Schule steht mit dem Lehrer in unmittelbarer Verbindung und kann von ihm darauf aufmerksam gemacht werden, inwiefern in der Erziehung des von ihm unterrichteten Mündels eine Änderung eintreten muß. In den größeren Städten Preußens besteht meist ein Central-Waisenrat unter einem Vorsitzenden, der die Geschäfte des Gemeindewaisenrats führt und von welchem das Ersuchen des Gerichts erledigt wird.

Ein Gleiches dürfte sich auch für die größeren Städte der andern deutschen Bundesstaaten empfehlen, da die in einer Hand befindliche Geschäftsleitung wie bekannt weit schneller und prompter arbeitet, als ein aus mehreren Mitgliedern bestehendes Organ. Die Gemeinden und zwar in den Städten der Magistrat, auf dem Lande der Landrat als Vorsitzender des Kreisausschusses haben die Verpflichtung, dem Vormundschaftsgericht die Namen der verpflichteten Gemeindewaisenräte in Preußen nach dem Rscr. Sr. Exc. d. Min. d. Innern v. 3. Nov. 1875, M.Bl. f. d. i. V., S. 269 mitzuteilen, und wenn Waisenräte ihr Amt niedergelegt haben oder durch den Tod ausgeschieden sind dies anzuzeigen, sowie die an Stelle derselben neugewählten Waisenräte namhaft zu machen.

# II. Die Thätigkeit und Wirksamkeit des Gemeindewaisenrats.

Die Bestimmungen des B. G.-B., welche sich auf die Thätigkeit und Wirksamkeit des Gemeindewaisenrats beziehen, sind folgende:

§ 1849. Der Gemeindewaisenrat hat dem Vormundschaftsgerichte die Personen vorzuschlagen, die sich im einzelnen Falle zum Vormunde, Gegenvormund oder Mitglied eines Familienrath eignen.

§ 1773. Ein Minderjähriger erhält einen Vormund, wenn er nicht unter elterlicher Gewalt steht oder wenn die Eltern weder in den die Person noch in den das Vermögen betreffenden Angelegenheiten zur Vertretung des Minderjährigen berechtigt sind.

Ein Minderjähriger erhält einen Vormund auch dann, wenn sein Familienstand nicht zu ermitteln ist.

§ 1896. Ein Volljähriger erhält einen Vormund, wenn er entmündigt ist.

§ 1906. Ein Volljähriger, dessen Entmündigung beantragt ist, kann unter vorläufige Vormundschaft gestellt werden, wenn das Vormundschaftsgericht es zur Abwendung einer erheblichen Gefährdung der Person oder des Vermögens des Volljährigen für erforderlich erachtet.

§ 1909. Wer unter elterlicher Gewalt oder unter Vormundschaft steht, erhält für Angelegenheiten, an deren Besorgung der Gewalthaber oder der Vormund verhindert ist, einen Pfleger. Er erhält insbesondere einen Pfleger zur Verwaltung des Vermögens, das er von Todeswegen erwirbt oder das ihm unter Lebenden von einem Dritten unentgeltlich zugewendet wird, wenn der Erblasser durch letztwillige Verfügung, der Dritte bei der Zuwendung bestimmt hat, daß dem Gewalthaber oder dem Vormunde die Verwaltung nicht zustehen soll.

§ 1910. Ein Volljähriger, der nicht unter Vormundschaft steht, kann einen Pfleger für seine Person und sein Vermögen erhalten, wenn er in Folge körperlicher Gebrechen, insbesondere weil er taub, blind oder stumm ist, seine Angelegenheiten nicht zu besorgen vermag.

§ 1911. Ein abwesender Volljähriger, dessen Aufenthalt unbekannt ist, erhält für seine Vermögensangelegenheiten, soweit sie der Fürsorge bedürfen, einen Abwesenheitspfleger.

§ 1912. Eine Leibesfrucht erhält zur Wahrnehmung ihrer künftigen Rechte, soweit diese einer Fürsorge bedürfen, einen Pfleger.

§ 1913. Ist unbekannt oder ungewiß, wer bei einer Angelegenheit der Betheiligte ist, so kann dem Betheiligten für diese Angelegenheit, soweit eine Fürsorge erforderlich ist, ein Pfleger bestellt werden.

§ 1914. Ist durch öffentliche Sammlung Vermögen für einen vorübergehenden Zweck zusammengebracht worden, so kann zum Zwecke der Verwaltung und Verwendung des Vermögens ein Pfleger bestellt werden, wenn die zu der Verwaltung und Verwendung berufenen Personen weggefallen sind.

§ 1882. Die Vormundschaft endigt mit dem Wegfalle der im § 1773 für die Anordnung der Vormundschaft bestimmten Voraussetzungen.

§ 1883. Wird der Mündel durch nachfolgende Ehe legitimiert, so endigt die Vormundschaft erst dann, wenn die Vaterschaft des Ehemanns durch ein zwischen ihm und dem Mündel ergangenes Urteil rechtskräftig festgestellt ist oder die Aufhebung der Vormundschaft von dem Vormundschaftsgericht angeordnet wird.

§ 1884. Ist der Mündel verschollen, so endigt die Vormundschaft erst mit der Aufhebung durch das Vormundschaftsgericht.

§ 1885. Das Amt des Vormundes endigt mit seiner Entmündigung. Wird der Vormund für tot erklärt, so endigt sein Amt mit der Erlassung des die Todeserklärung aussprechenden Urtheils.

§ 1897. Auf die Vormundschaft über einen Volljährigen finden die für die Vormundschaft über einen Minderjährigen geltenden Vorschriften Anwendung, soweit sich nicht aus den §§ 1898 bis 1908 ein Anderes ergiebt.

§ 1918. Die Pflegschaft für eine unter elterlicher Gewalt oder unter Vormundschaft stehende Person endigt mit der Beendigung der elterlichen Gewalt oder der Vormundschaft.

Die Pflegschaft für eine Leibesfrucht endigt mit der Geburt des Kindes.

Die Pflegschaft zur Besorgung einer einzelnen Angelegenheit endigt mit deren Erledigung.

§ 1919. Die Pflegschaft ist von dem Vormundschaftsgericht

aufzuheben, wenn der Grund für die Anordnung der Pflegschaft weggefallen ist.

§ 1920. Eine nach § 1910 angeordnete Pflegschaft ist von dem Vormundschaftsgerichte aufzuheben, wenn der Pflegebefohlene die Aufhebung beantragt.

§ 1921. Die Pflegschaft für einen Abwesenden ist von dem Vormundschaftsgericht aufzuheben, wenn der Abwesende an der Besorgung seiner Vermögensangelegenheiten nicht mehr verhindert ist.

Stirbt der Abwesende, so endigt die Pflegschaft erst mit der Aufhebung durch das Vormundschaftsgericht. Wird der Abwesende für todt erklärt, so endigt die Pflegschaft mit der Erlassung des die Todeserklärung aussprechenden Urteils.

§ 1850. Der Gemeindewaisenrat hat in Unterstützung des Vormundschaftsgerichts darüber zu wachen, daß die Vormünder der sich in seinem Bezirk aufhaltenden Mündel für die Person der Mündel, insbesondere für ihre Erziehung und ihre körperliche Pflege, pflichtmäßig Sorge tragen. Er hat dem Vormundschaftsgerichte Mängel und Pflichtwidrigkeiten, die er in dieser Hinsicht wahrnimmt, anzuzeigen und auf Erfordern über das persönliche Ergehen und das Verhalten eines Mündels Auskunft zu ertheilen.

Erlangt der Gemeindewaisenrat Kenntnis von einer Gefährdung des Vermögens eines Mündels, so hat er dem Vormundschaftsgerichte Anzeige zu machen.

§ 1851. Das Vormundschaftsgericht hat dem Gemeindewaisenrate die Anordnung der Vormundschaft über einen sich in dessen Bezirk aufhaltenden Mündel unter Bezeichnung des Vormundes und Gegenvormundes, sowie einen in der Person des Vormundes oder des Gegenvormundes eintretenden Wechsel mitzutheilen.

Wird der Aufenthalt eines Mündels in den Bezirk eines anderen Gemeindewaisenrats verlegt, so hat der Vormund dem Gemeindewaisenrate des bisherigen Aufenthalts und dieser dem Gemeindewaisenrate des neuen Aufenthaltsortes die Verlegung mitzutheilen.

§ 1675. Der Gemeindewaisenrat hat dem Vormundschaftsgericht Anzeige zu machen, wenn ein Fall zu seiner Kenntnis gelangt, in welchem das Vormundschaftsgericht zum Einschreiten berufen ist.

§ 1687. Das Vormundschaftsgericht hat der Mutter einen Beistand zu bestellen:

1. wenn der Vater die Bestellung nach Maßgabe des § 1777 angeordnet hat;
2. wenn die Mutter die Bestellung beantragt;
3. wenn das Vormundschaftsgericht aus besonderen Gründen, insbesondere wegen des Umfanges oder der Schwierigkeit der Vermögensverwaltung, oder in den Fällen der §§ 1666, 1667 die Bestellung im Interesse des Kindes für nöthig erachtet.

Nach § 1849 des B. G.-B. hat der Gemeindewaisenrat in erster Linie die Verpflichtung, Personen vorzuschlagen, die sich im einzelnen Falle zum Vormunde, Gegenvormunde oder Mitglied eines Familienrates eignen. Das Vormundschaftsgericht hat nach § 1779 Absatz 1 erst nach Anhörung des Gemeindewaisenrats den Vormund, Gegenvormund, Pfleger oder das Mitglied des Familienrates auszuwählen. Damit jedoch der Gemeindewaisenrat weiß, in welchen Fällen ein Vormund, Gegenvormund, Pfleger zu wählen ist, ist noch Folgendes zu bemerken:

Jeder Minderjährige, der nicht unter elterlicher Gewalt steht, oder dessen Eltern weder in den die Person noch in das Vermögen betreffenden Angelegenheiten zur Vertretung berechtigt sind, erhält nach § 1773 des B. G.-B. einen Vormund.

Minderjährig ist nach § 2 bezw. 3 des B. G.-B. derjenige, welcher das 21. Lebensjahr noch nicht vollendet hat, bezw. nach Vollendung des 18. Lebensjahres noch nicht für volljährig erklärt worden ist.

Ist der Vater eines Minderjährigen gestorben oder für tot erklärt, oder hat er die elterliche Gewalt verwirkt und die Ehe ist aufgelöst, so steht der Mutter nach § 1684 die elterliche Gewalt zu und es bedarf in diesen Fällen der Minderjährige keinen Vormund.

Ein Vormund ist dem Minderjährigen zu bestellen in folgenden Fällen:

1) wenn beide Eltern tot oder für tot erklärt sind und das Kind nicht angenommen ist;

2) wenn der Vater die elterliche Gewalt verwirkt hat (§ 1680), d. i. wenn er wegen eines an dem Kinde verübten Vergehens zu Zuchthaus oder zu einer Gefängnisstrafe von mindestens sechs Monaten verurteilt ist und die Ehe noch besteht (§ 1684 Nr. 2);

3) wenn dem Vater die elterliche Gewalt auf Grund des § 1666 entzogen und die Ehe geschieden ist;

4) wenn der Vater an der Ausübung der elterlichen Gewalt thatsächlich verhindert ist oder dieselbe ruht und das Vormundschaftsgericht gemäß § 1685 Absatz 2 nach Auflösung der Ehe die Ausübung der elterlichen Gewalt der Mutter nicht übertragen hat;

5) wenn nach dem Tode des Vaters die Mutter die elterliche Gewalt nach § 1680 verwirkt oder dieselbe nach § 1676, 1677, 1686 ruht;

6) wenn der Minderjährige ein uneheliches Kind ist, weil dann die Mutter nach § 1707 die elterliche Gewalt nicht hat, also es nicht vertreten kann;

7) wenn die Mutter, welcher die elterliche Gewalt nach § 1684 und 1685 zugestanden war, sich wieder verheiratet, weil sie in diesem Falle nach § 1697 die elterliche Gewalt verliert.

Einen Vormund haben ferner zu erhalten:

a) angenommene Kinder, wenn der annehmende Ehegatte stirbt und der andere Ehegatte sich der Annahme an Kindesstatt nicht angeschlossen hatte, denn der Ehegatte des Annehmenden erlangt nicht die Befugnisse, welche ihm in Folge der elterlichen Gewalt aus dem Rechtsverhältnisse zu seinen ehelichen Kindern erwachsen würden. Haben die Ehegatten gemeinschaftlich ein Kind an Kindesstatt angenommen, so ist ein Vormund erst zu verpflichten, wenn beide Ehegatten tot sind, da der überlebende Ehegatte nach § 1757 die elterliche Gewalt behält.

b) Kinder aus nichtigen Ehen,

1) wenn beide Eltern die Nichtigkeit der Ehe gekannt haben,

2) wenn die Nichtigkeit der Ehe auf einem Formenmangel beruht und die Ehe nicht in das Heirats-Register eingetragen ist, auch dann, wenn beide Ehegatten die Nichtigkeit der Ehe gekannt haben, und zwar in diesen Fällen um deshalb, weil die Kinder nach § 1317, 1324ff und 1699 als unehelich gelten.

Ein Minderjähriger endlich erhält einen Vormund, wenn, wie § 1773 Absatz 2 sagt, sein Familienstand unbekannt ist, d. i. wenn das Kind ein Findelkind ist, und wenn der Inhaber der elterlichen Gewalt nicht zu ermitteln ist. In allen diesen Fällen hat das Vormundschaftsgericht gemäß § 1779 Absatz 1 des B. G.-B. nach Anhörung des Gemeindewaisenrats einen Vormund auszuwählen. Dem Gemeindewaisenrat legt aber der § 1849 des B. G.-B. die Verpflichtung auf, dem Vormundschaftsgericht die Personen vorzuschlagen, die sich im einzelnen Falle zum Vormund, Gegenvormund oder Mitglied eines Familienrates eignen. Weiter geht noch § 49 des Reichsgesetzes über die Angelegenheiten der freiwilligen Gerichtsbarkeit vom 17. Mai 1898; dieses giebt dem Gemeindewaisenrat auf, dem Vormundschaftsgericht Anzeige zu machen, wenn es von einem Falle Kenntnis erhält, in welchem ein Vormund, Gegenvormund oder Pfleger zu bestellen ist und gleichzeitig die Person vorzuschlagen, die sich zum Vormund, Gegenvormund oder Pfleger eignet. Erwähnt sei hier noch, daß § 47 desselben Gesetzes auch dem Standesbeamten die Pflicht auferlegt, dem Vormundschaftsgericht Anzeige zu machen, wenn bei ihm der Tod einer Person, die ein minderjähriges Kind hinterlassen hat, oder die Geburt eines ehelichen Kindes nach dem Tode des Vaters, oder die Geburt eines unehelichen Kindes, oder die Auffindung eines Minderjährigen, dessen Familienstand nicht zu ermitteln ist, oder die Eheschließung einer Frau, die ein minderjähriges, eheliches Kind hat, angemeldet wird.

Da das Vormundschaftsgericht nach § 1779 Absatz 2 des B. G.-B. eine Person auswählen soll, die nach ihren persönlichen Verhältnissen und ihrer Vermögenslage, sowie nach den sonstigen

Umständen zur Führung der Vormundschaft geeignet ist, und bei der Auswahl das religiöse Bekenntnis des Mündels sowie Verwandte und Verschwägerte des Mündels zunächst zu berücksichtigen hat, so möge der Gemeindewaisenrat, um Rückfragen seitens des Vormundschaftsrichters zu vermeiden und den Geschäftsverkehr mit dem Vormundschaftsgericht zu erleichtern, bei der Benennung des Vormundes, Gegenvormundes, Pflegers oder Mitglieds eines Familienrats auf das Bedacht nehmen, was dem Vormundschaftsgericht bei der Auswahl zur Pflicht gemacht ist.

Insbesondere ist dem Gemeindewaisenrat zu empfehlen, daß er in den Fällen, von denen er annehmen kann, daß mit der Führung der Vormundschaft eine Vermögensverwaltung verbunden ist, einen Vormund und Gegenvormund gleichzeitig in Vorschlag bringt. Der Gemeindewaisenrat wolle aber hierbei Personen benennen, denen die erforderliche Geschäftskenntnis innewohnt und von denen er erwarten kann, daß sie das Interesse des Mündels als gute, sorgsame Hausväter wahrnehmen.

Der Gemeindewaisenrat in kleinen Städten oder auf dem Lande, der inmitten seiner Gemeinde steht und ein hervorragendes Interesse an der Erziehung und an der körperlichen sowie sittlichen und intellektuellen Ausbildung seiner künftigen Mitglieder hat, wird, wenn er sein Amt so auffaßt, wie das Gesetz es beabsichtigt, nur eine Person als Vormund, Gegenvormund oder Pfleger in Vorschlag bringen können, von der er sicher ist, daß sie das in sie gesetzte Vertrauen rechtfertigt.

Anders wird dies in den Städten mit einer großen Einwohnerzahl sein. Hier ist ein genaues Kennen der einzelnen Gemeindemitglieder seitens des Gemeindewaisenrats fast ausgeschlossen, und es werden sich dem Gemeindewaisenrat oft Schwierigkeiten entgegenstellen, die das Finden einer geeigneten Person geradezu in Frage stellen; allein, wenn wie der Verfasser sich oben bereits vorzuschlagen erlaubte, die Bezirks- und Armenvorsteher in den Gemeindewaisenrat gewählt werden, so dürfte das Finden einer geeigneten Person sehr erleichtert werden, da die Bezirks- und Armenvorsteher in Folge der genauen Personenkenntnis ihres Bezirks sehr wohl im Stande sind, tüchtige und gewandte Vormünder und Gegenvormünder zu benennen. An solchen Personen haben größere Städte erfahrungsgemäß keinen Mangel und ist daher der Gemeindewaisenrat solcher Städte nach dieser Richtung besser gestellt als der Gemeindewaisenrat kleinerer Städte und des Landes.

Verfasser erlaubt sich bereits an dieser Stelle den Gemeindewaisenrat darauf aufmerksam zu machen, daß in den Fällen, wo ein Vater mit Hinterlassung einer Wittwe und minorenner Kinder stirbt, der Gemeindewaisenrat keine Verpflichtung hat, dem Vormundschaftsgericht Anzeige zn machen, denn nach § 1684 des B. G.-B. unterbleibt die Einleitung einer Vormundschaft im eigentlichen Sinne, da die Mutter die elterliche Gewalt hat. Erst dann, wenn das Vormundschaftsgericht gemäß § 1687 des B. G.-B. der Mutter einen Beistand zu bestellen für nötig erachtet und sich an den Gemeindewaisenrat um Benennung eines solchen wendet, hat dieser den Beistand zu benennen. Das Bürgerliche Gesetzbuch und das Reichsgesetz über die Angelegenheiten der freiwilligen Gerichtsbarkeit enthalten keine Bestimmung, daß der Gemeindewaisenrat den Beistand auf Anrufen des Vormundschaftsgerichts zu benennen habe, allein es geht dies unzweifelhaft aus § 1694 des B. G.-B. hervor, da nach dieser Bestimmung für die Berufung, Bestellung und Beaufsichtigung des Beistandes 2c. die gleichen Bestimmungen wie bei dem Gegenvormunde gelten. Im Übrigen ist auch der Gemeindewaisenrat das einzige Organ, an welches sich das Vormundschaftsgericht wegen Benennung eines Beistandes wenden kann. Bei der Benennung eines Vormundes, Gegenvormundes oder Pflegers oder Mitglied eines Familienrates hat der Gemeindewaisenrat auf Folgendes zu achten.

1. ob Personen vorhanden sind, die nach dem Gesetz als Vormünder berufen sind,
2. ob die von ihm in Vorschlag zu bringende Person zur Übernahme und Führung der Vormundschaft, Gegen-

vormundschaft oder Pflegschaft oder Mitgliedschaft des Familienrates fähig und tauglich ist und

3. ob die als Vormund, Gegenvormund, Pfleger oder Mitglied eines Familienrates in Aussicht genommene Person dieses Amt ablehnen kann.

Der § 1776 des B. G.-B. bezeichnet als Vormünder, in nachstehender Reihenfolge berufen:

1. wer von dem Vater des Mündels als Vormund benannt ist.
2. wer von der ehelichen Mutter des Mündels als Vormund benannt ist.
3. den Großvater des Mündels von väterlicher Seite.
4. den Großvater des Mündels von mütterlicher Seite.

Die Großväter sind nicht berufen, wenn der Mündel von einem Andern als dem Ehegatten seines Vaters oder seiner Mutter an Kindesstatt angenommen ist. Das Gleiche gilt, wenn derjenige, von welchem der Mündel abstammt, von einem Andern als dem Ehegatten seines Vaters oder seiner Mutter an Kindesstatt angenommen ist und die Wirkungen der Annahme sich auf den Mündel erstrecken.

Pflicht des Gemeindewaisenrats ist es daher, wenn er vom Vormundschaftsrichter um Benennung eines Vormundes angegangen wird, die nach dem Gesetz berufenen Personen in erster Linie in Vorschlag zu bringen, gleichzeitig aber, wenn er der Meinung ist, daß der vom Gesetz Berufene sich zur Übernahme der Vormundschaft nicht eignet und das Wohl und Wehe des Mündels gefährdet ist, dem Vormundschaftsgericht davon Mitteilung zu machen, damit dieses nach § 1778 des B. G.-B. den Berufenen hören und dann entscheiden kann. Die Fälle, in denen ein vom Vater oder der ehelichen Mutter letztwillig zum Vormund Berufener bei Eröffnung der letztwilligen Verfügung in Folge eingetretener Umstände als solcher nicht mehr geeignet erscheint, werden zwar selten vorkommen, allein die Möglichkeit ist nicht ausgeschlossen und darum wird das Vormundschaftsgericht, wenngleich es vom Gesetz nicht angeordnet ist, gut thun, auch in solchen Fällen den Gemeindewaisenrat zu befragen, um sich vor einem Mißgriff in der

Person zu schützen. In zweiter Linie wird er auf die Fähigkeit und Tauglichkeit der als Vormund, Gegenvormund, Pfleger oder Mitglied des Familienrats vorzuschlagenden Person zu achten haben. Den erforderlichen Anhalt hierfür bieten die §§ 1780, 1781, 1782, 1783, 1784, 1865, 1866, 1867.

Der § 1780 sagt:

Zum Vormunde kann nicht bestellt werden, wer geschäftsunfähig oder wegen Geistesschwäche, Verschwendung oder Trunksucht entmündigt ist,

und der § 1781:

Zum Vormunde soll nicht bestellt werden:

1. wer minderjährig oder nach § 1906 unter vorläufige Vormundschaft gestellt ist;
2. wer nach § 1910 zur Besorgung seiner Vermögensangelegenheiten einen Pfleger erhalten hat;
3. wer in Konkurs geraten ist, während der Dauer des Konkurses;
4. wer der bürgerlichen Ehrenrechte für verlustig erklärt ist, soweit sich nicht aus den Vorschriften des Strafgesetzbuches ein Anderes ergiebt.

§ 1782. Zum Vormunde soll nicht bestellt werden, wer durch Anordnung des Vaters oder der ehelichen Mutter des Mündels von der Vormundschaft ausgeschlossen ist.

§ 1783. Eine Frau, die mit einem andern als dem Vater des Mündels verheirathet ist, soll nur mit Zustimmung ihres Mannes zum Vormunde bestellt werden.

§ 1784. Ein Beamter oder Religionsdiener, der nach den Landesgesetzen einer besonderen Erlaubnis zur Übernahme einer Vormundschaft bedarf, soll nicht ohne die vorgeschriebene Erlaubnis zum Vormunde bestellt werden.

§ 1865. Zum Mitgliede des Familienrats kann nicht bestellt werden, wer geschäftsunfähig oder wegen Geistesschwäche, Verschwendung oder Trunksucht entmündigt ist.

§ 1866. Zum Mitgliede des Familienrats soll nicht bestellt werden:

1. der Vormund des Mündels;
2. wer nach § 1781 oder nach § 1782 nicht zum Vormunde bestellt werden soll;

3. wer durch Anordnung des Vaters oder der ehelichen Mutter des Mündels von der Mitgliedschaft ausgeschlossen ist.

§ 1867. Zum Mitgliede des Familienrats soll nicht bestellt werden, wer mit dem Mündel weder verwandt noch verschwägert ist, es sei denn, daß er von dem Vater oder der ehelichen Mutter des Mündels benannt oder von dem Familienrat oder nach § 1864 von dem Vorsitzenden ausgewählt worden ist.

Die Praxis hat bisher gelehrt, daß bei den Vorschlägen von einem großen Teile der Waisenräte die Unfähigkeits- bezw. Untauglichkeitsgründe nicht beachtet worden sind, indem der Waisenrat auf das vom Vormundschaftsgericht an ihn gerichtete Ersuchen um Benennung eines Vormundes, Gegenvormundes oder Pflegers irgend eine in seinem Bezirke wohnende Person in Vorschlag gebracht hat, ohne vorher eine genaue Prüfung ihres Charakters, ihres Vorlebens und der Verhältnisse, in denen sie sich befindet, vorzunehmen. Daher ist es dann sehr oft vorgekommen, daß sich erst in dem zur Verpflichtung anberaumten Termine ergeben hat, daß die geladene Person sich zur Übernahme als unfähig bezw. untauglich erwies, und der Vormundschaftsrichter gezwungen wurde, den Geladenen zu entlassen und sich von Neuem an den Waisenrat behufs Benennung einer andern Person zu wenden. Unter Anderen ist es geschehen, daß in Preußen der Waisenrat auch Personen in Vorschlag gebracht hat, die garnicht Preußen waren, also nach der Bestimmung der Preußischen Vormundschaftsordnung § 20 garnicht gezwungen werden konnten, das ihnen zugedachte Amt anzunehmen. Das Bürgerliche Gesetzbuch hat seinen Charakter als dem eines gemeinsamen bürgerlichen Gesetzbuches entsprechend die Verpflichtung zur Übernahme der Vormundschaft an die Reichsangehörigkeit, nicht an die Staatsangehörigkeit in dem einzelnen Bundesstaat, in welchem die Bevormundung einzutreten hat, geknüpft. Für die Deutschen Bundesstaaten gilt in Zukunft der § 1785, wonach jeder Deutsche die Vormundschaft, für die er von dem Vormundschaftsgericht ausgewählt ist, annehmen muß, sofern nicht seiner Bestellung einer der in den §§ 1780 bis 1784 bestimmten Gründe entgegensteht. Damit ist für den Vormundschaftsrichter im Deutschen Reiche ein für alle Mal der Einwand beseitigt, daß der vom Gemeindewaisenrate in Vorschlag gebrachte, einem andern Bundesstaate angehörige Vormund die Übernahme der Vormundschaft verweigern kann.

Auf die einzelnen Unfähigkeitsgründe ist nicht näher einzugehen, da dieselben vom Gesetz so genau angegeben sind, daß darüber Zweifel nicht entstehen können; nur kurz sei erwähnt, daß § 104 des B. G.-B. denjenigen als geschäftsunfähig bezeichnet, welcher nicht das siebente Lebensjahr vollendet hat, welcher sich in einem die freie Willensbestimmung ausschließenden Zustande krankhafter Störung der Geistesthätigkeit befindet, sofern nicht der Zustand seiner Natur nach ein vorübergehender ist und derjenige, welcher wegen Geisteskrankheit entmündigt ist. Die vom Gesetz in § 1781 angegebenen Untauglichkeitsgründe bedürfen einiger Erläuterungen.

Minderjährig sind nach § 2 und 3 des B. G.-B. diejenigen Personen, die noch nicht das 21. Lebensjahr vollendet haben oder nach vollendetem 18. Lebensjahr nicht für volljährig erklärt sind; sonach können nur Volljährige Vormund, Gegenvormund, Pfleger oder Mitglied des Familienrates werden.

Nach § 1906 des B. G.-B. kann ein Volljähriger, dessen Entmündigung beantragt ist, unter vorläufige Vormundschaft gestellt werden; ein solcher Volljähriger ist somit von der Übernahme dieses Amtes ausgeschlossen.

In gleicher Weise kann ein Volljähriger, der nicht unter Vormundschaft steht, der aber einen Pfleger für seine Person und sein Vermögen erhalten hat, wenn er infolge körperlicher Gebrechen, insbesondere weil er taub, blind oder stumm ist, seine Angelegenheiten nicht zu besorgen vermag (§ 1910 des B. G.-B.), nicht zum Vormund bestellt werden.

Daß eine in Konkurs geratene Person während der Dauer des Konkurses sich nicht zum Vormund eignet, liegt auf der Hand, denn wer selbst nicht im Stande gewesen ist, Ordnung in seinen Vermögensangelegenheiten zu halten, von dem kann man auch nicht annehmen, daß er in der Verwaltung fremder Güter sorgsamer sein wird.

Der Gemeindewaisenrat hat mithin, sobald ihm bekannt wird, daß der Gemeinschuldner eine Vormundschaft führt, dem Vormundschaftsgericht die Eröffnung des Konkurses mitzuteilen, damit dieses dann den betreffenden Vormund bis zur Beendigung des Konkurses oder wenn es mit Rücksicht auf die Verwaltung des Vermögens für geboten erachtet wird, ganz der Vormundschaft entsetzen und einen andern zuverlässigen Vormund verpflichten kann.

Endlich bezeichnet § 1781 Nr. 4 denjenigen als untauglich, welchem die bürgerlichen Ehrenrechte aberkannt sind. Nach § 34 R.-St.-G.-B. bewirkt die Aberkennung der bürgerlichen Ehrenrechte während der im Urteil bestimmten Zeit unter anderm die Unfähigkeit Vormund, Nebenvormund, Curator d. i. Pfleger, gerichtlicher Beistand oder Mitglied des Familienrats zu sein, es sei denn, daß es sich um Verwandte in absteigender Linie handele und die obervormundschaftliche Behörde oder der Familienrat die Genehmigung erteile. Es dürfte sich aber auch empfehlen, daß der Gemeindewaisenrat auch dann nicht Personen, welche mit dem Verluste der bürgerlichen Ehrenrechte bestraft waren, dieselben aber wieder erlangt haben, in Vorschlag bringt, da von diesen Personen kaum anzunehmen ist, daß sie gute Erzieher und sorgsame Vermögensverwalter für die Mündel sind. Dem Gemeindewaisenrat ist noch ganz besonders ans Herz zu legen, daß er eine Person, welche wegen Sittlichkeits- und Eigentumsvergehen bestraft ist oder offenkundig einen unsittlichen Lebenswandel führt, oder ein Bettler, Trunkenbold, Landstreicher ist, zum Vormund nicht vorschlägt, da die sittliche Erziehung des Mündels durch derartige Personen ausgeschlossen ist.

Nach § 22 der Pr. Vorm.-Ord. bedurfte derjenige, welcher ein Staatsamt oder besoldetes Amt in der Kommunal- und Kirchenverwaltung bekleidet, zur Führung einer von dem Vormundschaftsgericht eingeleiteten Vormundschaft der Genehmigung der zunächst vorgesetzten Behörde. Diese Bestimmung ist in § 1784 aufgenommen, denn es heißt darin: Ein Beamter oder Religionsdiener, der nach den Landesgesetzen einer besonderen Erlaubnis zur Übernahme einer Vormundschaft bedarf, soll nicht ohne die vorgeschriebene Erlaubnis zum Vormunde bestellt werden. Auch das Pr. Ausführungsgesetz zum Bürg. Ges. Buch, welches z. Z. noch beraten wird, enthält in Art. 70 die Vorschrift:

„Wer ein Staatsamt oder ein besoldetes Amt in der Communal- oder Kirchenverwaltung bekleidet, bedarf zur Uebernahme der Vormundschaft oder zur Fortführung einer vor dem Eintritt in das Amt übernommenen Vormundschaft die Erlaubnis der zunächst vorgesetzten Behörde. Das Gleiche gilt für die Uebernahme oder die Fortführung des Amtes eines Gegenvormundes, Pflegers oder Beistandes."

Wird der Gemeindewaisenrat vom Vormundschaftsrichter um Benennung eines Mitgliedes des Familienrats angegangen, so möge er nur die §§ 1885 und 1886 beachten, und er wird damit ein wiederholtes Ersuchen vermeiden.

Der Gemeindewaisenrat hat in dritter Linie bei dem Vorschlag eines Vormundes die nachfolgenden Ablehnungsgründe zu beachten.

Der § 1786 lautet:

Die Übernahme einer Vormundschaft kann ablehnen:

1. eine Frau;
2. wer das sechzigste Lebensjahr vollendet hat;
3. wer mehr als vier minderjährige eheliche Kinder hat; ein von einem anderen an Kindesstatt angenommenes Kind wird nicht gerechnet;
4. wer durch Krankheit oder durch Gebrechen verhindert ist, die Vormundschaft ordnungsmäßig zu führen;
5. wer wegen Entfernung seines Wohnsitzes von dem Sitze des Vormundschaftsgerichts die Vormundschaft nicht ohne besondere Belästigung führen kann;
6. wer nach § 1844 zur Sicherheitsleistung angehalten wird;
7. wer mit einem andern zur gemeinschaftlichen Führung der Vormundschaft bestellt werden soll;
8. wer mehr als eine Vormundschaft oder Pflegschaft führt; die Vormundschaft oder Pflegschaft über Geschwister gilt nur als eine; die Führung von zwei Gegenvormundschaften steht der Führung einer Vormundschaft gleich.

Bevor auf die einzelnen Ablehnungsgründe kurz einzugehen ist, erlaubt sich der Verfasser zur Erleichterung der Arbeit und des Dienstes an alle Gemeindewaisenräte die Bitte zu richten, vor Benennung des Vormundes die zu benennende Person zu befragen, ob sie die ihm zu übertragende Vormundschaft ungeachtet eines ihr zustehenden gesetzlichen Ablehnungsgrundes annehmen will, da jedem Vormundschaftsrichter in der Praxis wiederholt Fälle vorgekommen sind, in denen der in Vorschlag gebrachte Vormund, sei es vor oder im Termin, einen der gesetzlichen Ablehnungsgründe vorgebracht, den einmal angesetzten Verpflichtungstermin dadurch vereitelt und den Vormundschaftsrichter in die Lage versetzt hat, von neuem sich mit dem Gemeindewaisenrat wegen Benennung eines geeigneten Vormundes in Verbindung zu setzen. Nicht blos die Arbeitszeit des Richters sondern auch die der anderen Beamten wird dadurch unnütz vergeudet und außerdem das Schreibwerk, das möglichst eingeschränkt werden soll, vermehrt. Anlangend die einzelnen Ablehnungsgründe sei folgendes bemerkt:

Eine Frau, sei sie verheiratet oder unverheiratet, hat das Ablehnungsrecht. Der Gemeindewaisenrat kann eine Frau, sobald sie ihm als geeignet erscheint und auf das Ablehnungsrecht verzichtet, in Vorschlag bringen. Erwähnt sei hier, daß auch die Mutter eines unehelichen Kindes zur Übernahme der Vormundschaft vorgeschlagen werden kann, obwohl ihr nach § 1707 die elterliche Gewalt nicht zusteht. Das Vormundschaftsgericht hat es in der Hand, sie als Vormund auszuwählen und zu verpflichten, es wird jedoch in den meisten Fällen, wenn ihm vom Waisenrat der Vater der Kindesmutter als zur Übernahme der Vormundschaft geeignet bezeichnet wird, diesen als Vormund verpflichten, da er nach § 1776 Nr. 4 des B. G.-B. zu den vom Gesetz berufenen Vormündern gehört. Die bisher in Preußen durch § 12 der Vorm.-Ordnung vom 5. Juli 1875 eingeführte gesetzliche Vormundschaft ist durch § 1773 in eine Altersvormundschaft verwandelt und ist der Vater einer unverheirateten Person, welche außerehelich von einem Kind entbunden wird, für dieses durch den Richter als Vormund zu verpflichten, wenn er, wie bereits erwähnt, vom Gemeindewaisenrat als dazu geeignet bezeichnet wird. Die Verpflichtung der Mutter des unehelichen Kindes als Vormund wird sich nur sehr selten empfehlen, da von einer solchen Person für die sittliche und gute Erziehung ihres Kindes keine Garantie geboten wird.

Weiter gestattet das Gesetz demjenigen, der bereits mehr als vier minderjährige, also mindestens fünf eheliche Kinder hat, die Übernahme einer Vormundschaft abzulehnen und bestimmt, daß ein von einem andern an Kindesstatt angenommenes Kind nicht gerechnet wird. Diese letzte Bestimmung weicht von der bisherigen Vorschrift des § 23 der Pr. Vorm.-Ord. ab; ebenso auch die Vorschrift unter Nr. 5, denn während nach § 23 der Pr. Vorm.-Ord. es nur heißt, daß derjenige, welcher nicht im Bezirke des Vormundschaftsgerichts seinen Wohnsitz hat, die Übernahme der Vormundschaft ablehnen kann, bestimmt der § 1786, daß das Ablehnungsrecht derjenige hat, welcher wegen Entfernung seines Wohnsitzes von dem Sitze des Vormundschaftsgerichts die Vormundschaft nicht ohne besondere Belästigung führen kann. Das Nichtwohnen im Bezirk des Vormundschaftsgerichts allein genügt demnach nicht zur Ablehnnng, vielmehr wird es der Behauptung und des Nachweises bedürfen, daß der in Vorschlag gebrachte Vormund ohne Belästigung die Vormundschaft nicht führen kann.

Die weiteren Ablehnungsgründe bedürfen keiner näheren Erläuterung. Bemerkt sei nur noch, daß der Gegenvormund und Pfleger mit Rücksicht auf die §§ 1792 Abs. 4 und 1915 ein Ablehnungsrecht wie der Vormund haben.

Nach § 1869 ist niemand verpflichtet, das Amt eines Mitgliedes des Familienrats zu übernehmen; will also der vom Vormundschaftsgericht angegangene Gemeindewaisenrat eine Person als Mitglied des Familienrats benennen, so wird er, um ein nochmaliges Ersuchen des Vormundschaftgerichts im Falle der Weigerung des Vorgeschlagenen zu vermeiden, gut thun, sich der Annahme durch Rücksprache zu versichern.

In der Praxis werden als Ablehnungsgründe namentlich geltend gemacht die Führung von mehr als einer Vormundschaft, die Vollendung des 60. Lebensjahres und der Besitz von mehr als vier minderjährigen ehelichen Kindern. Alle drei Gründe sind jedenfalls vom Gemeindewaisenrat noch vor der Benennung sehr leicht festzustellen, da, wenn er eine Rücksprache mit der betreffenden Person aus persönlichen Gründen nicht nehmen will, er doch aus den von der Ortspolizei geführten Listen jederzeit ersehen kann, wie alt die betreffende Person ist und ob sie vier oder mehr minderjährige eheliche Kinder hat. Außerdem wird er auch aus den von ihm geführten Verzeichnissen sich vergewissern können, ob der Vorzuschlagende zwei Vormundschaften oder nur eine Vormundschaft oder Pflegschaft über mehrere Geschwister oder zwei Gegenvormundschaften führt. In Preußen sind von einem großen Teile der Waisenräte auf Grund der von dem Vormundschaftsgericht geführten Verzeichnisse und der ihnen vom Vormundschaftsgericht gemachten Mitteilungen, Verzeichnisse über die in ihrem Bezirke eingeleiteten und bestehenden Vormundschaften und Pflegschaften angelegt worden. Die Anfertigung eines solchen Verzeichnisses empfiehlt sich aus den oben angeführten Gründen für die Gemeindewaisenräte des gesamten Deutschen Reiches, und erlaubt sich der Verfasser die Anlegung eines solchen mit folgenden Spalten in Vorschlag zu bringen:

Verzeichnis A.

| 1 | 2 | 3 | 4 | 5 | 6 | 7 | 8 |
|---|---|---|---|---|---|---|---|
| Laufende Nummer. | Aktenzeichen. | Vor- und Zuname des Mündels. | Geburtstag des Mündels. | Namen des Vaters und der Mutter sowie Todestag derselben. | Namen des Vormundes, Gegenvormundes, Pflegers. | Namen der Mitglieder des Familienrats. | Bemerkungen. |

Mit Rücksicht auf § 1851 Abs. 2 des B. G.-B. erachtet Verfasser die Anlegung eines zweiten Verzeichnisses B mit folgenden Spalten für erforderlich:

Verzeichnis B.

| 1 | 2 | 3 | 4 | 5 | 6 | 7 | 8 |
|---|---|---|---|---|---|---|---|
| Laufende Nummer. | Aktenzeichen. | Vor- und Zuname des Mündels. | Geburtstag des Mündels. | Namen des Vormundes, Gegenvormundes. | Bezeichnung des Bezirks, in welchem der Mündel bisher gewesen ist. | Bezeichnung des Bezirks, in welchen der Mündel verzogen ist. | Bemerkungen. |

Beide Verzeichnisse lassen sich vereinigen, indem man in das Verzeichnis A Nr. 6 und 7 des Verzeichnisses B einfügt.

Aus den Überschriften der einzelnen Spalten ersieht der Gemeindewaisenrat, welche Eintragungen er zu machen hat. Führt er die beiden Verzeichnisse mit der nötigen Sorgfalt, so wird er stets wissen, welche Mündel in seinem Bezirke wohnen, welche Personen seines Bezirks Vormund, Gegenvormund, Pfleger sind, wer von diesen mehr als eine Vormundschaft bezw. zwei Gegenvormundschaften führt, welche Mündel großjährig sind bezw. welche Vormundschaft durch Eintritt in die Großjährigkeit beendet ist und welche Mündel in seinem Bezirk verzogen sind.

Was die Personen anbetrifft, welche die Übernahme einer Vormundschaft aus dem Grunde ablehnen können, weil sie bereits mehr als eine Vormundschaft oder Pflegschaft führen, so ist zu erwähnen, daß es hier nicht ausgeschlossen ist, daß der Gemeindewaisenrat sie wieder vorschlagen kann, falls sich die betreffende Person bereit erklärt hat, noch eine weitere Vormundschaft führen zu wollen. Es ist deshalb durchaus notwendig, daß der Gemeindewaisenrat, bevor er eine solche Person vorschlägt, mit ihr Rücksprache nimmt und ihre Einwilligung einholt. Unterläßt er dies, so bereitet er dem Vormundschaftsgericht mehr Arbeit als nötig ist und verursacht der betreffenden Person nur unnütze Wege und Zeitversäumnisse, für die sie nicht einmal entschädigt werden kann.

Das Verzeichnis dient dem Gemeindewaisenrat noch in anderer Richtung. Wird ihm der Tod eines Mitgliedes seiner Gemeinde bekannt, so hat er in dem Verzeichnisse nachzusehen, ob der Tote Vormund war und wenn er dies bestätigt findet, gemäß § 49 des Gesetzes über die Angelegenheiten der freiwilligen Gerichtsbarkeit dem Vormundschaftsgerichte sofort davon Mitteilung zu machen und zugleich eine andere Person vorzuschlagen, die sich zum Vormund eignet. Es werden dadurch unhaltbare Zustände, wie sie die Praxis häufig zeitigt, beseitigt, denn es bestehen Vormundschaften, bei welchen sich erst beim Vermieten der Minderjährigen oder bei ihrem Eintritt in die Lehre ergiebt, daß der Vormund gestorben ist und somit der Minderjährige jahrelang ohne Aufsicht eines Vormundes gelebt hat. Das Vormundschaftsgericht ist infolge der von ihm geführten umfangreichen Verzeichnisse bei Eingang einer ihm vom Standesamte gemachten Todesanzeige nicht imstande, festzustellen, ob der Verstorbene eine oder mehrere Vormundschaften geführt hat, wohl aber kann dies der Gemeindewaisenrat auf Grund der von ihm geführten Verzeichnisse thun. Der Gemeindewaisenrat wird in solchen Fällen den Namen des bisherigen Vormundes zu durchstreichen und an seine Stelle den Namen des ihm vom Vormundschaftsgericht mitgeteilten neuen Vormundes zu setzen haben. Ebenso wird der Gemeindewaisenrat auf Grund der Geburtstage des Mündels prüfen können, ob die Vormundschaft erledigt ist und eine Person, die bisher als Vormund verpflichtet war und dadurch frei geworden ist, wieder von neuem als Vormund in Vorschlag bringen können. In der mit Bemerkungen überschriebenen Spalte sind z. B. der Wechsel der Wohnung des Mündels oder Vormundes, sowie die Abgabe der Vormundschaft an ein anderes Gericht, sowie andere die Vormundschaft betreffenden Thatsachen einzutragen.

Eine sorgfältige und genaue Führung der Verzeichnisse kann nicht genug empfohlen werden, da sich aus einem solchen Verzeichnisse der Gemeindewaisenrat zu jeder Zeit auf Anfrage des Vormundschaftsgerichts über Aufenthalt des Mündels und des Vormundes äußern kann.

Nach § 1851 Abs. 2 des B. G.-B. hat das Vormundschaftsgericht dem Gemeindewaisenrate die Anordnung der Vormundschaft über einen in dessen Bezirk sich aufhaltenden Mündel unter Bezeichnung des Vormundes und Gegenvormundes, sowie einen in der Person des Vormundes oder Gegenvormundes eintretenden Wechsel mitzuteilen.

Dem Vormund steht nach § 1783 des B. G.-B. das Recht für die Person zu sorgen zu. Das Recht und die Pflicht des Vormundes, für die Person des Mündels zu sorgen, bestimmt sich gemäß § 1800 des B. G.-B. nach den Vorschriften über die elterliche Gewalt. Letztere sind in den §§ 1631 bis 1633 enthalten.

Der § 1631 lautet wörtlich:

Die Sorge für die Person des Kindes umfaßt das Recht und die Pflicht, das Kind zu erziehen, zu beaufsichtigen und seinen Aufenthalt zu bestimmen.

Sonach kann der Mündel nicht willkürlich seinen Aufenthalt bestimmen, sondern er kann dies nur mit Genehmigung des Vormundes thun. Aus dieser Bestimmnng geht deutlich hervor, daß der Vormund sich stets um den Aufenthalt seines Mündels zu kümmern hat und daß er, wenn er diese Pflicht verletzt, durch Ordnungsstrafen angehalten werden kann, seiner Pflicht zu genügen. Aus dieser Pflicht entspringt aber die Verpflichtung, welche Abs. 2 des § 1851 des B. G.-B. dem Vormunde auferlegt. Der Vormund hat, wenn der Mündel seinen Aufenthalt in den Bezirk eines anderen Gemeindewaisenrats verlegt, dem Gemeindewaisenrat des bisherigen Aufenthaltsorts und dieser dem Gemeindewaisenrat des neuen Aufenthalts die Verlegung mitzuteilen. Beide kommen, wie die Praxis bisher gezeigt hat, nur in den seltensten Fällen dieser Verpflichtung nach. Die Vormünder kümmern sich sehr oft um ihre Mündel nicht, sie überlassen dieselben ihrem Schicksal und wissen meist nicht, ob ein Mündel noch in ihrem Bezirk oder noch in derselben Wohnung, wo es bei Einleitung der Vormundschaft sich befand, aufhält, und der Waisenrat achtet infolge des Unterlassens der Anzeige seitens des Vormundes nicht darauf, ob ein Mündel aus oder in seinem Bezirk verzogen ist. Beiden muß die Beachtung des zweiten Absatzes des § 1851 dringend empfohlen werden, damit Mündel, welche zu Leichtsinn und Lüderlichkeit neigen und ihren Wohnsitz mit einem neuen oft nur deshalb vertauschen, um möglichst weit von dem Vormunde und dem Waisenrate ihres Bezirks entfernt zu sein, von dem Gemeindewaisenrate des neuen Aufenthaltsortes beobachtet und nötigenfalls auf den richtigen Weg gebracht werden können. Die Praxis bietet hinreichend Beispiele davon, daß Mündel vom Lande nach der Stadt ziehen und sich in den Fabriken ihren Unterhalt suchen, um in ihren Bewegungen freier und einer Kontrolle durch den Gemeindewaisenrat enthoben zu werden. Gerade für solche Fälle ist die Beobachtung der gesetzlichen Bestimmung dringend geboten und es dürfte sich gleichzeitig sehr empfehlen, daß der Gemeindewaisenrat, sobald er von dem Vormunde die Nachricht von dem Verzuge des Mündels nach der Stadt erhält, sofort dem Gemeindewaisenrat der betreffenden Stadt mit der Anzeige des Verzuges auch eine Schilderung des Lebens und des Charakters des betreffenden Mündels zukommen läßt.

Sicherlich würde durch eine derartige rechtzeitige Anzeige mancher Mündel vor dem Untergange behütet werden können, zumal, da der Gemeindewaisenrat des neuen Aufenthaltsortes ebenso wie der des bisherigen Aufenthalts unzweifelhaft auch befugt ist, den in seinen Bezirk verzogenen Mündel in seiner Wohnung aufzusuchen, um sich durch eigene Anschauung davon zu überzeugen, wie derselbe gehalten wird, und falls er Ungehörigkeiten in der körperlichen Pflege und in der sittlichen Erziehung wahrnimmt, auf Abstellung durch den Vormund bezw. durch das Vormundschaftsgericht zu dringen bezw. dahin zu wirken, daß ein neuer energischer Vormund verpflichtet wird. Verzieht ein Mündel nur nach der Stadt seines sonstigen Gerichtsbezirkes, so wird ein neuer Vormund in solchen Fällen nicht zu bestellen sein, sondern es ist die Pflicht des Vormundes, das Verhalten des Mündels in der Stadt zu beobachten, und wenn er findet, daß der Mündel unrichtige Wege geht, darauf zu bringen, daß der Mündel entweder auf das Land zurückkommt oder unter eine Aufsicht gestellt wird, die es dem Mündel unmöglich macht, die schlechten Wege weiter zu betreten. Den Gemeindewaisenräten sei endlich dringend empfohlen, daß sie mit den in ihrem Bezirke sich aufhaltenden Vormündern und Mündeln in engere Beziehungen treten und dahin wirken, daß die Vormünder ihren vom Gesetz ihnen auferlegten Pflichten nachkommen und daß die Mündel die Fürsorge genießen, welche sie vor Verrohung und dem damit in Verbindung stehenden Untergang behütet. Der Gemeindewaisenrat möge auch in den Fällen, wo ihm durch Zufall davon Mitteilung wird, daß ein Mündel aus seinem Bezirk verzogen ist, dem Vormundschaftsgericht Anzeige erstatten, damit dieses dann den Vormund verwarnen und, wenn Verwarnungen ohne Erfolg bleiben, mit Ordnungsstrafen, deren Höchstbetrag bis zu 300 M. geht, zur Befolgung seiner Anordnungen nach § 1837 anhalten kann. Es ist dringend notwendig, daß bei der Verwilderung und Verrohung der heutigen Jugend die Vormünder angehalten werden, den Aufenthalt ihres Mündels nie aus dem Auge zu verlieren, sondern stets in der Lage zu sein, denselben dem Vormundschaftsgericht und Gemeindewaisenrate angeben zu können, damit diese über das Leben und Treiben des Mündels Erkundigungen einziehen und Maßregeln treffen können, um den Mündel eventuell auf die richtigen Wege zu bringen und nach § 1838 des B. G.-B. zum Zwecke der Erziehung in eine geeignete Familie oder in eine Erziehungsanstalt oder eine Besserungsanstalt unterzubringen.

Das Ausführungsgesetz zum B. G. B. hat in Aussicht genommen, dem Gemeindewaisenrat zur Unterstützung Frauen als Waisenpflegerinnen zur Seite zu stellen, damit diese unter Leitung des Gemeindewaisenrats bei der Beaufsichtigung der im Kindesalter stehenden Mündel und bei der Ueberwachung weiblicher Mündel mitwirken können. Die Bestellung soll widerruflich an denjenigen Behörden, welche für die Bestellung des Gemeindewaisenrats zuständig sind, erfolgen. Verfasser ist der Ansicht, daß eine derartige Unterstützung des Gemeindewaisenrats nur zum Vorteil der Mündel ausschlagen kann, und hofft, daß diese Bestimmung Gesetz wird.

Die Hauptaufgabe des Gemeindewaisenrats, welche ihn auch zum Hülfsorgan des Vormundschaftsgerichts macht, enthält der § 1850 des B. G.-B.

Nach § 53 der Pr. Vorm.-Ord. beschränkte sich die Aufsichtspflicht des Waisenrats auf die Überwachung der persönlichen Interessen des Mündels. Nach § 1850 Abs. 1 des B. G.-B. hat der Gemeindewaisenrat in Unterstützung des Vormundschaftsgerichts darüber zu wachen, daß die Vormünder der sich in seinem Bezirk aufhaltenden Mündel insbesondere für ihre Erziehung und ihre körperliche Pflege pflichtmäßig Sorge tragen und Mängel und Pflichtwidrigkeiten, die sie in dieser Hinsicht wahrnehmen, anzeigen und auf Erfordern über das persönliche Ergehen und das Verhalten eines Mündels Auskunft erteilen. Auf Verlangen des Vormundschaftsgerichts ist der Gemeindewaisenrat daher verpflichtet, über das persönliche Verhalten und Ergehen des Mündels sich zu äußern; er wird Anfragen, die das Vormundschaftsgericht im Falle der Eheschließung eines Mündels, der Wahl des Berufs, der Dienste und Arbeitsverhältnisse an ihn stellt, beantworten müssen und dadurch dem Vormundschaftsrichter unentbehrlich sein. Nach Absatz 2 desselben Paragraphen ist dem Gemeindewaisenrate sogar eine beschränkte Aufsichtspflicht hinsichtlich der Verwaltung des Vermögens der Mündel auferlegt, indem er dem Vormundschaftsgerichte Anzeige zu machen hat, wenn er von einer Gefährdung des Vermögens eines Mündels Kenntnis erhält. Eine unangemessene Einmischung des Gemeindewaisenrats in die Vermögensverwaltung des Vormundes ist jedoch ausgeschlossen. Wenn dem Gemeindewaisenrate im § 1850 auch nur die Anzeige der von ihm wahrgenommenen Mängel und Pflichtwidrigkeiten des Vormundes bei Ausübung der Sorge für die Person des Mündels und die Anzeige der erfolgten Gefährdung des Vermögens des Mündels ausdrücklich zur Pflicht gemacht ist, so wird es, wie in dem Deutschen Vormundschaftsrecht vom Landrichter August Fuchs S. 73 unter Nr. 4 gesagt ist, im Sinne des

Gesetzes doch als ein Recht und damit als eine Pflicht des Gemeindewaisenrats anzusehen sein, wo dies möglich ist, seinerseits auch unmittelbar gegenüber dem Vormund bezw. dem Erzieher des Mündels durch Rat, Vorstellung und Ermahnung einzugreifen.

Der Gemeindewaisenrat wird mit Rücksicht auf die ihm damit gesetzlich auferlegte Pflicht, schon bei der Wahl des Vormundes und Gegenvormundes darauf achten müssen, daß er bei Vormundschaften mit Vermögensverwaltung zuverlässige und geschäftskundige Personen vorschlägt, damit er nicht gezwungen wird, Pflichtwidrigkeiten der von ihm benannten Personen zur Anzeige zu bringen. Erwähnt sei übrigens hier noch, daß die Pflichten des Gegenvormundes abweichend von denen der Pr. Vorm.-Ord. bedeutend erweitert worden sind, da er nach § 1799 des B. G.-B. darauf zu achten hat, daß der Vormund die Vormundschaft pflichtmäßig führt, und dem Vormundschaftsgerichte Pflichtwidrigkeiten des Vormundes, sowie jeden Fall unverzüglich anzuzeigen hat, in welchem das Vormundschaftsgericht einzuschreiten hat. Das Gesetz hat ihm besonders auch auferlegt, den Tod des Vormundes oder den Eintritt eines anderen Umstandes, infolgedessen das Amt des Vormundes endigt oder die Entlassung des Vormundes erforderlich wird, anzuzeigen und ihm das Recht verliehen, von dem Vormunde Auskunft über die Führung der Vormundschaft und die Einsicht der sich auf die Vormundschaft beziehenden Papiere zu verlangen.

Wenn der Gemeindewaisenrat diese dem Gegenvormunde vom Gesetz eingeräumte Stellung beachtet, so wird er Personen zu Gegenvormündern benennen müssen, welche auch imstande sind, eine gewisse Aufsicht und Kontrolle über den Vormund zu führen. Der Gemeindewaisenrat würde fehlgreifen, wenn er Personen benenne, die ihrer Bildung nach unter dem Vormunde stehen und daher leicht in den Fehler verfallen, den Vormund zu chikanieren und dem Vormundschaftsrichter unnütze Arbeit zu machen; ebenso würde der Gemeindewaisenrat einen Mißgriff thun, wenn er eine Person als Gegenvormund in Vorschlag bringt, welche außer Stande ist, den Vormund zu beaufsichtigen, da dies nur dahin führen könnte, daß der Vormund in dem Gefühle, nicht beaufsichtigt zu werden, sich Übergriffe und Unredlichkeiten bezüglich des Mündelvermögens erlaubt.

Das B. G.-B. hat endlich noch im § 1675 dem Gemeindewaisenrat die Verpflichtung auferlegt, dem Vormundschaftsgericht Anzeige zu machen, wenn ein Fall zu seiner Kenntnis gelangt, in welchem die Person und das Vermögen des Kindes seitens des Vaters gefährdet ist und das Vormundschaftsgericht zum Einschreiten berufen ist. Nach dem § 1665 ff. hat das Vormundschaftsgericht einzuschreiten, wenn der Vater und die Mutter an der Ausübung der elterlichen Gewalt verhindert sind. Nach § 1666 kann das Vormundschaftsgericht, wenn das geistige und leibliche Wohl des Kindes dadurch gefährdet ist, daß der Vater das Recht der Sorge für die Person des Kindes mißbraucht, das Kind vernachlässigt oder sich eines ehrlosen oder unsittlichen Verhaltens schuldig macht, die zur Abwendung der Gefahr erforderlichen Maßregeln treffen. Nimmt also der Gemeindewaisenrat an, daß ein solcher Fall vorliegt, so hat er ohne weiteres dem Vormundschaftsgericht Anzeige zu erstatten, damit dieses dann die Unterbringung des Kindes zum Zwecke der Erziehung in einer geeigneten Familie oder in einer Erziehungsanstalt oder einer Besserungsanstalt anordnen kann. Wird dem Gemeindewaisenrat endlich bekannt, daß der Vater die mit der Verwaltung oder der Nutznießung des Vermögens des Kindes verbundenen Pflichten verletzt oder in Vermögensverfall gerät, so hat er nach obigem Paragraphen ebenfalls die Pflicht, dem Vormundschaftsgericht Anzeige zu erstatten, damit das Vormundschaftsgericht nach § 1667 die zur Abwendung der Gefahr erforderlichen Maßregeln treffen, nämlich den Vater zur Einreichung eines Vermögensverzeichnisses und zur Rechnungslegung über seine Verwaltung und Sicherheitsleistung veranlassen bezw. dem Vater die Vermögensverwaltung entziehen kann, wenn er den getroffenen Anordnungen nicht Folge leistet.

## III. Geschäftsverkehr des Gemeindewaisenrats mit dem Vormundschaftsgericht.

Was den Geschäftsverkehr des Gemeindewaisenrats mit dem Vormundschaftsgericht betrifft, so ist auf beiden Seiten darauf zu halten, daß zur Vermeiduug unnötigen Schreibwerks das von einem von beiden an den andern gerichtete Ersuchen urschriftlich beantwortet und dem ersuchenden Teile umgehend zurückgesandt wird.

## IV. Geschäftsführung des Gemeindewaisenrats.

Für die Geschäftsführung und seine Thätigkeit kann der Gemeindewaisenrat von der Gemeinde eine Entschädigung nicht beanspruchen; wohl aber kann er von ihr die Erstattung der Auslagen, die ihm durch Anschaffung von Schreibgerät oder durch Porto entstanden sind, ersetzt verlangen, da ihm nicht zugemutet werden kann, die ihm durch sein Amt auferlegten Auslagen aus eigenen Mitteln zu bestreiten. Für Preußen hat das Ministerium des Innern und der Finanzen in dem Erlasse vom 6. September 1876 (Ministerial-Blatt der inneren Verwaltung 1876, S. 187) angeordnet, daß sämtliche an den Vormund und das Vormundschaftsgericht zu sendenden Briefe mit Freimarken zu versehen sind. Dementsprechend dürften auch in den übrigen Bundesstaaten seitens der Verwaltungsbehörden Anordnungen zu treffen sein, daß die Gemeindewaisenräte die baren Auslagen aus der Gemeindekasse ersetzt erhalten.

Um sich aber der Gemeinde gegenüber hinsichtlich der gemachten Auslagen zu decken, möge der Gemeindewaisenrat ein Ausgabenbuch mit folgenden Spalten anlegen:

| Laufende Nummer. | Gegenstand der Anschaffung. | Namen des Geschäfts, wo gekauft ist. | Kurzer Inhalt des Briefes. | Name des Adressaten. | Datum des Kaufs bezw. der Absendung. | Betrag M. | Betrag Pf. | Bemerkungen. |
|---|---|---|---|---|---|---|---|---|
| | | | | | | | | |

Die Quittungen über die bezahlten Posten sind aufzuheben und mit der Nummer des Ausgabenbuchs, unter welcher sie darin verzeichnet sind, zu versehen. Das Ausgabenbuch kann dann jederzeit mit den Belägen der Gemeinde zur Begleichung vorgelegt werden.

# Sachregister.

Die Zahlen verweisen auf die Seiten des Textes.

Rosenbaum & Hart, Berlin, Wilhelmstr. 47.

Kolibri 360 GmbH
Ferdinand-Jühlke-Straße 7
99095 Erfurt, Deutschland
produktsicherheit@kolibri360.de